HISTORIQUE ET MODE DE FONCTIONNEMENT

DES

CAISSES DE SECOURS

DES BATAILLONS DES MOBILES ET DES MOBILISÉS
DE L'ARMÉE DU NORD

Pendant et après la guerre de 1870-1871,

PAR M. LE DOCTEUR HOUZÉ DE L'AULNOIT,

Vice-Président du Comité central de secours aux blessés du Nord de la France ;
Délégué pour la création des Caisses de secours des Gardes nationaux
mobilisés et des Mobiles de l'Armée du Nord.
Chevalier de la Légion-d'Honneur.
Ex-Médecin traitant requis à l'Hôpital-Militaire de Lille, 1854-1860.
Chirurgien de l'Hôpital Saint-Sauveur, Professeur titulaire de physiologie à l'École
de Médecine, chargé du cours public d'hygiène à la
Faculté des Sciences de Lille

PRIX : 50 CENTIMES
AU PROFIT DE L'ŒUVRE.

LILLE
IMPRIMERIE L. DANEL.
1871.

HISTORIQUE ET MODE DE FONCTIONNEMENT

DES CAISSES DE SECOURS

DES BATAILLONS DES MOBILES ET DES MOBILISÉS
DE L'ARMÉE DU NORD
PENDANT ET APRÈS LA GUERRE DE 1870 1871,

PAR M. LE DOCTEUR HOUZÉ DE L'AULNOIT,

Vice-Président du Comité central de secours aux blessés du nord de la France, Délégué
pour la création des Caisses de secours des gardes nationaux mobilisés et des mobiles
de l'armée du Nord.

CHAPITRE I.

Des causes qui ont engagé le Comité central de secours aux blessés du
Nord de la France à créer une caisse de secours dans chacun des
bataillons des mobiles et des mobilisés. — Du sévère contrôle exigé
par les statuts. — De leur adoption par l'autorité militaire.

En septembre 1870, la Société centrale de secours aux blessés,
présidée par M. de Flavigny, entrevoyant que, par suite de
l'investissement de Paris, elle allait se trouver dans l'impossibilité
de communiquer avec les comités locaux des différents départements, chargea M. le Vicomte de Melun, un de ses vice-
présidents, comme délégué général, d'organiser dans les
cinq départements du Nord de la France un Comité régional
ayant les mêmes pouvoirs que celui de Paris, et autorisé à fonder,

1 Extrait des Mémoires de la Société des Sciences, de l'Agricul ure et
des Arts de Lille , année 1871, 3ᵉ série, IXᵉ volume.

pour venir en aide aux victimes de la guerre des sous-comités et des caisses de secours.

M. le Comte de Melun fut nommé président de ce Comité régional et MM. Léonard Danel, Digard, Alfred Houzé de l'Aulnoit, Auguste Longhaye et Vente, administrateurs.

Ce comité fonctionnait à peine depuis quelques mois lorsque, vers la fin de novembre, il apprit qu'un grand nombre de mobiles, blessés au combat de Villers-Bretonneux, se trouvaient dépourvus de toute espèce de secours.

D'après les rapports qui lui furent adressés à cette époque par plusieurs médecins, des blessés étaient restés pendant trente-six heures sur le champ de bataille, couchés sur la paille, sans linge, sans couvertures et dans le dénûment le plus complet. Malgré son vif désir de venir en aide à ces malheureux, il ne put leur envoyer les objets de première nécessité que huit ou dix jours après ce combat, les chemins de fer étant coupés, et les lignes prussiennes s'opposant à toute communication directe.

Un des Membres administrateurs, profondément touché de l'impossibilité où se trouvait le Comité de réagir contre les misères dès leur production, proposa de mettre à la disposition de chaque bataillon des mobiles et des mobilisés qui venaient d'être appelés sous les drapeaux, un petit matériel d'ambulance portative susceptible d'être placé sur les côtés d'un cheval ou d'un mulet et de confier à chaque commandant, assisté de son Conseil d'administration, une certaine somme d'argent à l'effet de remédier instantanément aux désastres engendrés par la guerre et de se substituer ainsi à l'action bienfaisante de la Société Internationale.

Mais pour qu'une semblable création, sans précédents dans l'organisation militaire d'un corps d'armée en campagne, pût fonctionner avec toutes les garanties désirables, il fallût la protéger par des statuts approuvés par les Généraux et le Personnel des différents bataillons

Le Comité régional décida dans sa séance du 12 décembre 1870, qu'un conseil sous la présidence du commandant, et composé du Conseil d'administration du bataillon, augmenté de l'aide-major, serait chargé dans chaque bataillon de la direction et de la surveillance de la caisse, ainsi que de l'emploi des fonds ; il déclara qu'aucune dépense ne pourrait être effectuée sans avoir été proposée par le commandant et votée à la majorité absolue des Membres présents du Conseil.

Il fixa un minimum de 500 francs pour l'achat du matériel de l'ambulance, qui devait être pourvue avant toute autre dépense.

Pour que le contrôle pût s'exercer facilement, un trésorier nommé par le Conseil fut tenu de rendre compte de l'état de la caisse au moins une fois par mois, et de joindre à ce compte un inventaire du matériel de l'ambulance. Le Comité témoigna en outre le désir qu'une copie des comptes de l'inventaire lui fût adressée afin de pouvoir envoyer instantanément aux différents bataillons les objets qui auraient été épuisés. Ces renseignements lui ont été très-précieux, puisqu'il a été à même en puisant dans ses magasins, de compléter rapidement le matériel de l'ambulance et d'en assurer le parfait fonctionnement.

Cette connaissance de l'état de la caisse a eu également pour résultat de faire un appel à la générosité des cantons en faveur des bataillons qui avaient épuisé leurs ressources pour le soulagement de leurs blessés.

L'autorité militaire, dès qu'elle eut connaissance de ce projet de création des Caisses de Secours, s'empressa de les recommander à tous les chefs de corps et fournit au Comité régional les moyens de faciliter leur rapide adoption.

Sans le puissant concours que M. le Général Faidherbe, commandant en chef l'armée du Nord, consentit à leur accorder, le Comité n'aurait pu mener à bonne fin cette œuvre philantropique.

Ce fut avec des élans d'un noble patriotisme inspiré par l'affectueux intérêt, en faveur des mobilisés que plus de soixante

Commandants dans une réunion qui restera à jamais mémorable accueillirent, de la part du délégué chargé de la création des caisses de secours dans l'armée du Nord, les propositions du Comité régional.

A partir de cette époque, le succès de l'œuvre fut assuré.

CHAPITRE II.

Du but et des avantages des Caisses de secours.

Un des plus grands avantages de ces caisses a été de faire arriver les secours au moment même où les besoins se faisaient sentir, et de permettre aux personnes victimes de la guerre et témoins des souffrances de nos braves défenseurs, d'y porter tout aussitôt remède.

En effet, à l'aide de ces caisses de secours, un triple but a été atteint : secours aux blessés ; amélioration des conditions hygiéniques des hommes en campagne ; après la guerre, assis-ance aux familles privées de leurs soutiens naturels.

On a pensé qu'une caisse pouvant disposer de 9 à 10,000 fr. serait à même de pourvoir aux misères qu'éprouvent les hommes appelés momentanément sous les drapeaux, et habitués au com-fort de la vie sociale.

Cette somme d'argent accordée au conseil de famille, a assuré le traitement immédiat, et a permis de conjurer ces fâcheuses complications des premiers jours, plus terribles et plus meur-trières que les balles de l'ennemi.

Une des applications les plus fécondes de la Caisse de secours, confiée à chaque bataillon, a été de faciliter en quelques heures, l'organisation de chaque petite ambulance, tout en lui permettant d'être renouvelée sitôt épuisée.

Cette décentralisation de secours, portée à ses dernières limites, a pu parer à toutes les éventualités de la guerre, et n'a pas laissé une infortune sans assistance et sans consolation.

Nos soldats ont donc pu aller bravement au feu, la prévoyance les protégeant de son égide tutélaire, et ils n'ont plus eu à craindre la faim et l'abandon, ces ennemis plus implacables que celui qu'ils combattaient.

Cette pensée de savoir, qu'après la guerre, s'ils étaient blessés, ou si leurs familles restaient sans soutien, leur canton tout entier, représenté par leur bataillon, assurerait leur avenir, a contribué à redoubler leur courage.

Quoi de plus consolant, pour eux, que de savoir qu'ils auraient un jour comme soutiens et protecteurs leurs frères d'armes, qui auraient assisté à leurs actions héroïques, et auraient pu apprécier leur vaillance.

Je crois utile, pour faire mieux comprendre les immenses avantages que les Caisses de Secours ont été appelées à rendre à nos mobiles et à nos mobilisés, de citer quelques exemples dans lesquels, les commandants, avec le concours du Conseil d'administration de leurs bataillons respectifs, furent à même d'adoucir le sort de nos jeunes défenseurs, soit en campagne, soit dans les camps, sans avoir été obligés de s'adresser à l'autorité supérieure et de perdre ainsi un temps précieux, irréparable au point de vue des misères qui ne peuvent être soulagées qu'à la condition d'être combattues dès leur apparition.

Des blessés étaient-ils ramassés sur le champ de bataille et confiés à de pauvres paysans sans ressources, le Conseil de famille tout aussitôt intervenait et décidait qu'une somme d'argent serait remise, pour faire face aux dépenses et venir en aide à la pauvre, mais généreuse hospitalité de nos campagnards.

Ces premiers secours ont été utiles soit pour donner, pendant les jours qui suivaient les batailles, ces soins qui devaient assurer une prompte convalescence, soit pour aider, plus tard, au transport des blessés dans de grands hôpitaux.

Le bataillon était-il en marche, et quelques hommes se trouvaient-ils atteints d'affections graves ? Avec la Caisse de Secours on a pu louer quelques voitures et faciliter ainsi l'arrivée de ces malheureux jusqu'à l'ambulance.

Dans le cas où les vivres ont fait défaut, les soldats étaient sur le point, pour trouver quelques aliments, de se débander et de se disperser dans des villages voisins ; grâce à la Caisse de Secours, on leur a procuré un repas réconfortant et substantiel : l'hygiène a été ainsi sauvegardée et avec elle la discipline, cette base du succès.

Habitait-on une caserne, par un froid intense, alors qu'on n'avait ni poêle ni charbon ? En quelques heures, la Caisse de Secours aidant, les feux étaient partout allumés. Que de temps n'eût-on pas perdu, s'il avait fallu s'adresser à l'Intendance !

Lorsque les hommes souffraient de l'insuffisance du couchage, aussitôt on leur donnait des couvertures.

Les Caisses ont acheté à nos mobiles et à nos mobilisés, des vêtements et ces mille petits riens, qui rendent la vie pénible quand ils font défaut : ainsi le savon, la lumière, etc.

Enfin la plus belle mission de ces caisses, ainsi que nous l'exposerons dans un prochain chapitre, est actuellement de secourir, après la guerre, les familles laissées dans la détresse par le départ ou la mort de leurs soutiens naturels.

En un mot, l'initiative individuelle ayant remplacé l'intervention de l'État, la décentralisation des secours a permis à tout homme malade de trouver instantanément des consolations pour dissiper ses douleurs morales, et des soins appropriés à ses souffrances physiques.

CHAPITRE III.

Appel aux cantons et aux souscriptions particulières pour constituer les Caisses de secours.— Leur fonctionnement pendant et après la guerre

L'achat du petit matériel d'ambulance d'un bataillon, d'après le modèle que nous en donnons plus loin, devait coûter 500 francs. Il était du devoir de la Société internationale de l'assurer aux 150 bataillons de mobilisés de l'armée du Nord, sur le point d'entrer en campagne, le 12 décembre 1870. Une telle dépense lui eût coûté 75,000 francs et des 100,000 francs que M. le vicomte de Melun lui avait remis de la part du Comité central, elle n'en avait conservé que 40,000 francs, ayant envoyé au commencement de la guerre 60,000 francs à M. Huber Saladin, président du Comité de Bruxelles, pour l'aider à organiser les dix ambulances volantes, dont deux, la 4e et la 7e, dirigées par MM. Besnier et Bourdeillette, ont rendu de si grands services aux blessés de notre armée.

Notre Comité, se trouvant donc dans l'impossibilité de fournir, avec les 40,000 francs qu'il avait en caisse, le matériel des ambulances portatives de bataillon, eut l'heureuse pensée, comme chaque bataillon de mobilisés provenait d'un seul et même canton, de s'adresser à chaque canton pour assurer la rapide formation de la caisse de secours de leurs mobilisés. Les communes, convaincues que l'argent qu'elles souscriraient parviendrait directement à leurs concitoyens, s'empressèrent de s'imposer les unes pour 5, 10, 15 et 20 francs par homme sous les drapeaux.

Le Comité du Nord, tout en s'adressant aux cantons, a également engagé les âmes généreuses à s'intéresser à son œuvre philantropique. Le rapport général du Délégué, en date du 16 janvier et inséré à la suite de la brochure générale

« Notes explicatives sur le but et le fonctionnement des Caisses de Secours des Mobilisés (2ᵉ édition) » permettra d'apprécier à sa juste valeur le puissant concours qu'il a rencontré pendant les cinq premières semaines qui s'étaient écoulées depuis leur création.

A son appel ont répondu, apportant le tribut de leur influence, de leurs sympathies et de leur générosité, presque tous les grands corps organisés de notre département : Autorités militaires et administratives, Municipalités, Comité central de secours aux blessés, Sociétés savantes, Comice agricole, Chambre de commerce, Commission départementale, Association des médecins, et tous les notables de notre pays.

C'est pour nous un devoir de mentionner parmi les plus importantes souscriptions versées à notre caisse, celles de Monseigneur l'Archevêque de Cambrai, de MM. les Administrateurs du Crédit Industriel et de la Banque de France, MM. le Prince de Montmorency, le comte de Melun, Crespel, Des Rotours, Loyer, Descamps-Crespel, Émile Schotsmans, Jules Brame, Poullier-Longhaye, le comte Déliot, E. Descamps, Groulois, Bonnefoy, directeur du théâtre, Laurand, le personnel de l'usine de Fives, et Mesdames Long et Desmazières-Drino, etc.

On ne saurait trop apprécier la part active qu'ont prise au succès des caisses de secours MM. les Généraux de notre armée, M. le Préfet du Nord et M. le Sous-Préfet de Douai.

Parmi les Municipalités, nous sommes heureux de pouvoir citer celle de la ville de Douai, qui a voté 5,000 francs, celles du canton de La Bassée et d'Armentières qui ont souscrit 20 francs à chaque homme de leurs communes sous les drapeaux, celles du canton de Seclin qui ont versé 15 francs par homme, et celles des cantons de Cysoing et de Pont-à-Marcq qui se sont imposées à raison de 10 francs.

Dans cette énumération, nous regrettons de ne pouvoir faire connaître les décisions prises par un très-grand nombre de

communes dont les noms ne nous sont pas encore parvenus, :
qui ont pensé que c'était pour elles un devoir de prouver à nos
jeunes Mobilisés, qui étaient à la fois leurs concitoyens et leurs
contribuables, que si elles ne pouvaient partager, sur le champ
de bataille, leurs périls et leurs misères, elles étaient cependant
près d'eux par la pensée.

De toutes nos sociétés savantes, la Société des Sciences, de
l'Agriculture et des Arts de Lille qui occupe le premier rang par
l'intelligence et la vaste érudition de ses membres, par un noble
mouvement de généreuse spontanéité, a entraîné après elle ses
sœurs des arrondissements voisins.

Un tel encouragement a eu pour conséquence de subjuguer
les petites et misérables oppositions qu'éprouvent, même de
leurs concitoyens, les hommes qui aspirent à faire le bien, en
prenant pour seul point d'appui, la confiance que donnent
l'amour de l'humanité, le travail persévérant et une volonté
énergique.

L'espoir de la Société des Sciences, de l'Agriculture et des
Arts de Lille, n'a pas été déçu, et, autour d'elle, se sont
groupées notre Société de Médecine et la Société des Lettres,
des Arts et des Sciences de Valenciennes, de cette ville qui,
dans chacun de ses lauréats de Paris et de Rome, retrouve une
preuve de sa généreuse protection, pour tout ce qui élève l'âme,
rapproche les cœurs et étend le cercle de nos connaissances
intellectuelles.

S'il fallait traduire par des chiffres, les élans de charité que
cette œuvre a soulevés dans notre département du Nord et dans
une partie des départements voisins, on ne craindrait pas d'être
taxé d'exagération, en affirmant que plus de huit cent mille
francs ont été versés dans nos caisses de Secours. Celles de
Tourcoing ont compté plus de quarante mille francs provenant
de souscriptions privées et celles d'Armentières plus de vingt-
cinq mille francs. On ne saurait trop féliciter les membres actifs

qui composent ces Comités, à la tête desquels se trouvent : à Tourcoing , M. Scalabre-Delcourt et à Armentières, M. Auguste Mahieu.

Des remerciements doivent être adressés aux Comités des Dames de Lille et de Douai, qui ont fait parvenir près de 10,000 vêtements aux caisses de Secours de leurs Mobilisés, et leur généreux dévouement n'a cessé de croître avec les besoins de nos Mobilisés.

Nous avions limité notre œuvre aux cinq départements du Nord de la France; ce n'est pas sans une certaine satisfaction que nous avons constaté qu'elle a franchi la surface de notre vaste circonscription et qu'elle a fonctionné dans d'autres départements. Ainsi celui de la Marne , sous la puissante impulsion de M. Rœderer , de Reims , s'est organisé également , malgré les charges imposées par l'invasion.

Certaines communes ont préféré envoyer directement à leurs enfants leurs souscriptions , plutôt que de les verser dans la caisse du canton. Il en est résulté qu'elles ont reçu des autres communes et n'ont rien rendu.

Elles n'ont pas pensé que dans un bataillon en campagne , tout est commun ; sur le champ de bataille , règne la plus sincère fraternité, et ce n'est pas après avoir partagé les mêmes périls que leurs concitoyens eussent consenti à jouir d'un bien-être dont les autres auraient été privés.

Il eût été de leur intérêt de songer qu'à une institution qui devait surtout fonctionner utilement après la guerre , elles substituaient une œuvre essentiellement éphémère , oubliant ainsi les nombreuses victimes qu'elles devraient plus tard soulager.

Du reste, les Colonels et Commandants auxquels le Délégué a fait connaître cette décision de quelques communes , lui ont déclaré qu'ils n'autoriseraient pas des dons faits à quelques compagnies, et que , toute souscription perçue dans un canton devrait être versée dans la caisse de secours pour être distribuée d'une manière égale.

Loin d'être lésées, ces communes qui, en général étaient les plus pauvres, y eussent gagné, puisqu'elles auraient reçu l'aide des villes fortunées qui les entourent et dont le concours puissant leur eût été assuré par notre organisation.

Un point capital et sur lequel il est important d'insister : bien des comités cantonnaux n'ont pas fait intervenir dans la répartition de leurs souscriptions leurs Mobiles. C'étaient pourtant des enfants du pays. Ils ont eu leur part de fatigues et de misères. Parce qu'ils appartenaient, pour un même bataillon, à trois ou quatre cantons, ce n'était pas un motif pour les priver de tout secours. Ils devaient avoir une part proportionnelle à leur nombre d'hommes. Ainsi qu'un canton eût recueilli 12,000 francs, s'il avait un bataillon entier de Mobilisés et que son bataillon de Mobiles appartînt à trois cantons, on eut dû verser 9,000 francs dans la caisse des Mobilisés et 3,000 francs dans celle des Mobiles.

Les deux autres cantons voisins agissant de même et versant chacun 3,000 francs, le bataillon des Mobiles aurait eu ainsi, comme les Mobilisés, 9,000 francs dans sa caisse de secours.

Mais, une légère objection qui a été faite ne doit pas rester sans réponse, quelques Mobilisés en étant versés d'un bataillon dans un autre, restaient privés de leur caisse de secours. L'argument n'était pas sérieux, car ceux qui quittaient un bataillon devant, en arrivant dans celui où on les versait, être secourus par une caisse égale à celle qu'ils abandonnaient. En rentrant dans leurs foyers, ils ont retrouvé leurs droits et s'ils ont été blessés ou s'ils ont laissé une famille sans appui, l'argent qu'a conservé le comité cantonal sert actuellement à adoucir leurs infortunes et leur est distribué comme s'ils n'avaient jamais cessé de faire partie de leur bataillon.

Les commandants ont été priés de nommer des correspondants. Ils ont choisi pour les représenter un parent ou un ami ; c'est cette personne qui a été chargée tout à la fois de servir de trait-d'union entre le bataillon et le canton et d'activer la formation du comité. C'est elle également qui leur a fait parvenir une partie des sommes souscrites ou qui a transformé l'argent en matériel, sur la demande du conseil de famille, ainsi que l'exigeaient les articles III et IV des statuts.

En présence de l'imposant concours qui a été accordé à notre œuvre, il est nécessaire, pour justifier tant de sympathies, de faire connaître ce que le comité central a fait pendant la guerre.

Les caisses de secours fonctionnaient à peine depuis un mois, qu'elles avaient eu pour conséquence, par leur parfaite organisation, de ranimer le zèle et la bienfaisance des personnes qui désirent que leurs dons soient distribués avec ordre et arrivent rapidement à leurs destinataires. — Plus de 50 bataillons les ont adoptées et ont envoyé leur adhésion à ses statuts. Parmi ces adhésions, se sont trouvées celles des bataillons des arrondissements de Lille, Douai, Valenciennes, Hazebrouck, Cambrai et Dunkerque.

Si on en a compté peu de l'arrondissement d'Avesnes, c'est qu'on n'a pas pu, à cause de l'éloignement, joindre MM. les Commandants.

Un très-grand nombre de caisses ont fonctionné dans des bataillons du Pas-de-Calais, de l'Aisne et de la Somme.

Grâce aux 500 francs privilégiés par l'article V des statuts, en faveur du petit matériel d'ambulance portative, nous avons pu le faire parvenir, en l'espace de quelques jours, à 23 bataillons qui nous l'avaient demandé.

D'autres bataillons l'ont directement acheté sans recourir à notre obligeance. Pour faire rapidement cet achat avant leur entrée en campagne, notre modèle, publié à la suite de notre brochure sur le but et le fonctionnement des caisses de Secours, leur a été d'une très-grande utilité.

Nous n'avons pas craint, quoique plusieurs caisses ne fussent pas encore alimentées par des souscriptions, de leur en faire l'avance, convaincu que l'argent ne leur ferait pas défaut, et qu'avec les premiers fonds recueillis par leurs comités, elles rembourseraient à la caisse générale de l'arrondissement de Lille les petites sommes que nous leur avançions.

C'est ainsi que, sans aucune appréhension, nous avons pourvu des bataillons des arrondissements de Douai, Valenciennes et Hazebrouck.

Il nous manquait des instruments de chirurgie; avec l'autorisation du Comité, nous en avons fait venir d'Angleterre vingt sacs tellement complets, qu'un seul eût pu suffire pour un régiment tout entier.

En les confiant à quelques bataillons, notre but a été de les répandre, afin qu'on pût en trouver partout où une opération importante eût été jugée indispensable. A la rigueur, de simples trousses de 60 à 70 francs eussent suffi à nos jeunes médecins Les autres boîtes du matériel, préparées par des personnes intelligentes et généreuses, qui ne comptaient ni leur temps ni leur peine, ont été fournies en l'espace de quelques heures.

Ce n'est pas sans éprouver de grandes difficultés qu'il nous a été possible de faire arriver tout ce matériel et de nombreux vêtements à nos nombreux bataillons ; nos troupes étant disséminées, il a fallu les convoyer. Le délégué n'a voulu se reposer sur personne de ce soin, et, à cet effet, il s'est transporté à Douai, à Arras, à Corbie et à Lahoussoye.

Il se félicite de la peine que cet excès de précaution lui a occasionnée, parce qu'elle lui a permis d'assister inopinément, le 23 décembre dernier, au combat de Pont-Noyelles, d'y opérer de nombreux blessés à l'ambulance militaire, et de se rendre compte des améliorations que le Comité devrait faire subir au fonctionnement des petites ambulances, pour les mettre à-même de rendre de très-grands services.

En général, nos batailles se sont prolongées bien après la chute du jour, et quand les deux armées conservaient leurs positions à proximité l'une de l'autre, on se trouvait dans l'impossibilité d'aller ramasser les blessés. On nous en a amenés, sur quelques cacolets, en assez grand nombre ; mais qui pourrait assurer que tous ont été relevés ?

Si nous avions possédé de nombreux moyens de transport, on aurait peut-être compté le lendemain bien moins de victimes sur le champ de bataille.

Tout le monde est d'accord pour avouer qne la durée de la lutte qui continuait même malgré l'obscurité, et l'étendue de terrain que nos troupes étaient obligées d'occuper pour ne pas être mitraillées par les armes si destructives actuellement adoptées, furent des obstacles sérieux à l'enlèvement des blessés.

Si nous voulons qu'à l'avenir notre concours soit réellement actif, il faut de toute nécessité que derrière chaque bataillon se trouvent de nombreux moyens de transport, afin qu'un homme, sitôt blessé, puisse être enlevé et conduit à l'ambulance divisionnaire, ou à une des ambulances volantes placées à un kilomètre ou deux du champ de bataille. A cet effet, on doit accorder à chaque bataillon un cheval porteur de deux crochets, susceptibles d'être transformés en cacolets.

Que 40 bataillons soient engagés sur une étendue de deux ou trois lieues, 80 soldats , mis dans l'impossibilité de marcher, pourront être emportés en un seul voyage.

De plus, il faut, qu'outre son cheval, chaque bataillon possède au moins deux civières, à l'aide desquelles on pourra encore ramener un égal nombre de blessés graves.

On aurait donc pour 40 bataillons 160 moyens de transport, et il serait facile de faire plusieurs voyages pendant la durée d'un combat.

Les Prussiens étaient si bien organisés qu'ils emportaient, non seulement leurs hommes , mais même les nôtres ; ce qui m'a été assuré par un jeune mobile atteint d'un coup de feu, et que je convoyais , le 10 janvier dernier , d'Arras à Béthune.

« Sitôt blessé, me disait-il, quatre infirmiers Prussiens se sont approchés de moi et ont voulu me relever, mais comme je ne pouvais marcher, ils m'ont laissé retomber, regrettant de ne pouvoir me porter secours et ont enlevé plusieurs de mes camarades en état de les suivre ; d'ici peu de jours, ils seront guéris et resteront prisonniers entre leurs mains. »

On comprend facilement qu'un tel résultat a dû être une cause d'affaiblissement pour notre armée.

Il était indispensable d'y obvier. En conséquence, j'ai cru faire une chose utile en étudiant quelle forme on pourrait donner aux crochets destinés à porter le petit matériel d'ambulance du bataillon pour qu'on pût les faire servir à l'usage de cacolets.

J'en ai soumis le modèle au Comité central, afin que nos jeunes médecins pussent en faire faire de semblables partout où ils se trouveraient.

Une des conditions de succès était le bon marché et la légèreté ; ceux en question n'ont coûté, avec le bât et les courroies, qu'une soixantaine de francs.

Les civières étaient trop lourdes, il y aurait lieu de les transformer et d'adopter celles des ambulances Neerlandaises, en jonc et en toile cirée.

Le Comité a recommandé d'une manière d'autant plus pressante de faire suivre le bataillon en marche d'un cheval avec ses crochets, que s'il en eût été privé, l'important matériel qu'il a fourni à 23 bataillons, au lieu de concourir à sauvegarder la santé de nos Mobilisés, serait devenu une gêne pour la marche de la colonne. Dès lors, le but que le Comité s'était proposé en créant les petites ambulances portatives n'eût pas été rempli.

Dans les bataillons où l'autorité n'a pu fournir les chevaux, il y a eu absolue nécessité d'en acheter un sur les fonds de la caisse. Une somme de 150 à 200 francs a suffi pour l'acquisition d'un cheval d'un certain âge, toujours assez agile pour suivre au pas.

Notre œuvre, par son organisation simple mais régulière, n'a pas soulevé pendant la campagne la plus légère objection, et partout où je me suis présenté, soit dans les comités, soit au sein de nos bataillons, j'ai acquis la preuve qu'elle était l'objet d'une très-vive sympathie.

Elle a permis, en effet, de faire arriver promptement les secours, et son fonctionnement a prévenu le désordre, qui annihile les plus belles institutions, paralyse les efforts et ne répond pas aux généreux sacrifices que s'imposent les hommes de cœur toujours prêts à venir au secours de l'humanité souffrante.

Le compte-rendu qui a été envoyé chaque mois de l'état des caisses, a eu surtout pour conséquence de ralentir les envois aux caisses fortunées, et d'activer en faveur des autres le zèle des comités cantonaux.

L'état de l'inventaire de l'ambulance qui y était joint, a fait connaître au Comité l'insuffisance des ressources, qui s'est empressé d'y obvier, en puisant dans ses réserves le linge, les bandes et la charpie qui lui ont été demandés.

Le Comité central, en créant, le 12 décembre 1870, des Caisses de secours dans les bataillons des mobilisés de l'armée du Nord, s'était proposé de permettre, à l'aide de souscriptions recueillies dans chaque canton des cinq départements du Nord, de faciliter l'achat immédiat du petit matériel d'ambulance portative de chaque bataillon et d'améliorer les conditions hygiéniques des hommes en campagne.

En prévision d'une paix prochaine, il avait eu soin de mentionner, dans les Statuts, soumis à l'approbation des Conseils d'administration, qu'après la guerre, l'argent qui resterait en caisse servirait à soulager les blessés et à venir en aide aux familles privées de leurs soutiens naturels.

Tout en activant la formation instantanée du matériel des petites ambulances, le Comité a pu fournir, comme nous l'avons vu, à chaque Commandant, les moyens de prendre immédiatement soin de ses blessés et de diminuer par l'achat de vêtements, de vivres et de réconfortants, les misères qui devaient assaillir nos combattants dépourvus, par la rapidité de leur organisation, des immenses ressources mises en général à la disposition d'une armée régulière bien équipée et convenablement approvisionnée.

Depuis le 1er mars 1871, avec la fin de la guerre et le licenciement des Mobilisés, le Comité central se voue chaque jour à l'accomplissement de la dernière tâche qu'il s'était imposée.

Faire servir l'argent que possèdent aujourd'hui les Caisses de secours à alléger les nobles infortunes des hommes qui, en rentrant dans leurs foyers, blessés, malades ou ayant perdu la position qu'ils occupaient avant leur appel sous les drapeaux, vont se trouver pendant plusieurs semaines et peut-être plusieurs mois, dans l'impossibilité de suffire à leurs besoins et à ceux de leurs familles : tel est maintenant le but de ses efforts.

En effet, une nouvelle lutte se prépare pour quelques-uns de nos chers concitoyens, non moins cruelle que celle qu'ils viennent d'éprouver en marchant à l'ennemi ; lutte qui chaque jour se représentera avec ses impérieuses exigences et qui durera jusqu'à ce que chacun ait retrouvé, avec la santé ébranlée par les derniers combats, la carrière à laquelle il a été brusquement arraché.

C'est actuellement que vont se justifier les sages conseils que nous émettions au mois de janvier dernier, dans notre compte-rendu général sur le but et le fonctionnement de l'œuvre [1].

« Que les Comités cantonaux, disions-nous, redoublent de zèle et d'ardeur, et qu'ils se persuadent que leur mission déjà si belle pendant la guerre, deviendra bien plus importante quand

[1] *Notes explicatives sur la création des caisses de secours*, 2e édit., 1871, p. 37. Danel.

la France aura recouvré la paix. Ils auront à soulager bien des veuves et des orphelins, et c'est sur eux que comptent les nombreux mutilés qui auront versé leur sang pour la défense du pays.

› L'importance des souscriptions ne doit pas les arrêter, car après avoir assuré un bien-être momentané à leurs Mobilisés, le devoir de ces Comités est de conserver précieusement l'épargne que chacun s'impose généreusement pour l'avenir, auquel on n'ose songer sans effroi. »

Nous ne saurions trop insister de nouveau sur la nécessité de bien employer l'argent accordé par quelques pauvres familles en faveur de certaines infortunes qui seront peut-être d'autant plus honorables et plus légitimes qu'elles tarderont plus longtemps à se faire connaître.

Et dans cette voie, nous avons été soutenu par M. le Vicomte de Melun, délégué général et vice-président de la Société de secours aux blessés de la France.

A la date du 12 avril, il nous faisait parvenir les encouragements suivants :

« Je ne puis que féliciter le Comité central du Nord de tout ce qu'il a fait pour le succès des Caisses de secours ; j'avais déjà été heureux de rendre complète justice à cette institution dans mon rapport au Conseil général de notre Société, mais les détails précis que contiennent ses deux communications me permettront de présenter sur cette belle œuvre un rapport spécial et de la recommander d'une manière toute particulière aux suffrages et à l'adoption du Conseil dès que Paris sera rendu à la France.

» La destination nouvelle que la fin de la guerre donne aux Caisses de secours me paraît résoudre très-heureusement les difficultés que rencontre le passage de l'état de guerre à celui de paix, mais je reconnais avec M. le délégué le devoir imposé à notre Société d'intéresser le Gouvernement aux souffrances et aux misères de nos pauvres Mobilisés.

» Comme il le dit si bien, l'œuvre de la Société de Secours aux Blessés ne finit pas avec les batailles, il lui incombe maintenant de travailler avec la même ardeur à réparer les maux, suite inévitable de nos désastres.

»Le Conseil général s'apprêtait, sur ma proposition, à adresser à tous les Comités des instructions à cet effet, lorsque les communications ont été de nouveau interrompues.

» Ces instructions étaient parfaitement d'accord avec les instructions du Comité central du Nord, elles devaient engager les Comités à consacrer ce qu'ils avaient encore en caisse à secourir les infirmes, les veuves et les orphelins.

» Espérons que bientôt les barrières élevées tout-à-coup entre nous, seront abattues, et que la Société de secours rentrant comme la France dans sa vie régulière, pourra réunir toute sa puissance et sa bonne volonté, pour continuer la sainte mission à laquelle elle s'est dévouée. »

En effet, notre mission est loin d'être terminée, et, ainsi que nous le recommande M. le Comte de Melun, président du Comité, qui, malgré les charges que lui impose son mandat de Député, continue de veiller sur notre œuvre avec cet affectueux dévouement dont il lui a déjà donné tant de preuves, nous devons rester à notre poste.

« La paix, nous écrivait-il de Bordeaux, il y a peu de jours, en rendant moins nécessaire cette utile création, lui laissera cependant bien des besoins à satisfaire, et il est indispensable que le licenciement des Mobilisés n'empêche pas le bien que le Comité s'était proposé. J'en dirai autant du licenciement des Mobiles qui ne tardera pas à s'effectuer et qui rendra peut-être encore plus difficile l'emploi judicieux et le contrôle des fonds qui leur étaient destinés. Il est important d'examiner à qui ils doivent être remis, si toutefois le cadre des officiers actuels n'est pas conservé. »

Le Comité, pour répondre aux vœux de son honorable Président, a confié pour la ville de Lille la direction et la surveillance des Caisses de secours de la 1re légion des Mobilisés et du 7e bataillon des Mobiles, à un conseil de famille chargé de recevoir les demandes et d'en apprécier la légitimité.

Ce conseil se compose du Comité central de secours aux blessés, des Commandants des Mobilisés et de :

MM. Duret, commandant de la garde nationale sédentaire, pré-
    sident ;

    Poullier-Loughaye, vice-président ;

    Mathelin, secrétaire ;

    Tasse, trésorier ;

    Nicolle, lieutenant-colonel de la garde nationale sédentaire ;

    Marquis de Vennevelles, Commandant de la Garde na-
    tionale sédentaire ;

    Duburque, Commandant de la Garde nationale sédentaire ;

    Alfred Houzé de l'Aulnoit, Délégué par le Comité central
    du Nord de la France pour la création des Caisses de
    secours.

Nous avons restitué à des conseils de famille cantonaux, composés des Commandants et des Maires des différentes communes, une partie des sommes qui nous avaient été confiées pour les bataillons de l'arrondissement.

Les caisses des cantons de Cysoing, de Pont-à-Marcq, de Tourcoing et de La Bassée, qui ont été gérées avec une sage prévoyance pendant la guerre, pourront être appelées à fonctionner encore d'une manière très-utile en faveur des nombreuses victimes de nos derniers combats.

De telles garanties de contrôle et d'équité permettront aux Caisses de secours d'accomplir jusqu'à la fin leur belle mission humanitaire.

Le Comité est resté fidèle à son engagement de respecter la volonté des donateurs.

Toutes les sommes qui lui ont été versées avec une désignation ont formé autant de comptes distincts ; et si on a eu recours dans un moment difficile à ces mêmes fonds pour assurer l'organisation immédiate de quelques ambulances, c'est avec la conviction que les communes se feraient un devoir de ratifier une dette d'honneur, qui a servi à assurer la santé et la vie de leurs concitoyens.

Pour permettre aux cantons de réclamer les sommes qui leur étaient dues, et aux bataillons de rembourser celles qui leur ont été avancées, nous avons cru utile de livrer le 15 mars, le 15 avril et le 20 mai à la publicité un aperçu des comptes qui résume actuellement l'actif et le passif de la Caisse centrale du Comité.

Ces chiffres ne s'appliquaient qu'aux sommes qui ont été directement versées et qu'il ne nous avait pas encore été possible de remettre aux bataillons.

Quant aux nombreuses et importantes souscriptions recueillies dans chaque canton par les Comités cantonaux, elles ont été, suivant le désir que nous en avons exprimé au début de notre œuvre, encaissées par les hommes honorables qui ont bien voulu répondre à notre appel. — Nous n'avons donc pas eu à nous en occuper, convaincu qu'elles ont déja reçu ou qu'elles recevront plus tard la destination indiquée par les donateurs.

Le Comité central, dans sa séance du 13 mars, a décidé que le matériel des petites ambulances portatives des bataillons, resté sans emploi par suite du licenciement des Mobilisés, serait emmagasiné et qu'un inventaire en serait dressé, afin qu'il pût être restitué à l'armée dans le cas où nous aurions à soutenir une nouvelle guerre, ou être envoyé, si le besoin s'en faisait sentir, aux généreuses nations qui nous ont donné tant de preuves de sympathie.

En effet, si la paix venait à être troublée dans un des points des deux continents, la France prouverait ainsi qu'elle n'a pas oublié les services qui lui ont été réndus par l'Angleterre, la Hollande, la Russie, la Belgique, l'Italie et la Suisse, et qu'en toutes circonstances, ces nobles pays peuvent compter sur la plus entière réciprocité.

Une partie de ce matériel a été expédiée, il y a peu de jours, à l'armée de Versailles et a justifiée la sage prévoyance du Comité du Nord.

Le succès, que nos Caisses ont obtenu en s'adressant à l'initiative individuelle, aura surtout pour conséquence de faire adopter en faveur des blessés la décentralisation des secours poussée jusqu'à ses dernières limites, tout en exigeant un contrôle très-sévère de la part des officiers chargés de les administrer.

Pour faire comprendre l'influence de l'initiative individuelle, et l'importance du mandat confiée aux Membres administrateurs des Caisses de secours, je ne crois mieux faire de rapporter quelques conseils que j'adressai le 29 avril dernier à MM. les Officiers des 6ᵉ et 7ᵉ bataillons de la Garde nationale sédentaire, chargés de la direction de la Caisse du 4ᵉ bataillon de Mobilisés (Section d'Esquermes, Wazemmes, Vauban et Moulins-Lille), qui avaient daigné me prier d'inaugurer leur conseil de famille, comme Président honoraire.

« Vous ne tarderez pas, leur disais-je, à constater la puissance de l'initiative individuelle. Cette initiative de chacun, dans l'intérêt des malheureuses victimes de la guerre, est d'autant plus nécessaire, que l'État obéré se trouve dans l'impossibilité de payer actuellement la dette de gratitude que notre pays a contractée vis-à-vis de nos défenseurs.

» Vous aurez pour mission non-seulement de soulager les douleurs physiques, mais d'aider, de consoler et de maintenir dans le devoir des hommes que les revers n'ont pu vaincre, mais que la misère pourrait trouver sans force et sans énergie pour lutter contre ses épreuves incessantes et plus cruelles que les privations des campagnes et les horreurs du champ de bataille.

» Ce mandat moral vous ne le repousserez pas ; c'est la plus belle partie de votre tâche ; et la Société vous devra peut-être l'ordre, la sécurité, et nos familles, la protection de leurs foyers contre ceux mêmes qui les avaient défendues contre l'ennemi national.

» Vous serez aidé dans votre œuvre de charité et de bienfaisance par les avantages que vous offrira l'ancienne hiérarchie militaire. Les listes, fournies par les capitaines de compagnies, contrôlées par le Commandant de chaque bataillon, seront pour vous la preuve qu'aucune misère ne reste inconnue et qu'on n'exploite pas une philantropie toujours prête à s'imposer des sacrifices en faveur de nobles infortunes, mais qui jamais ne doit servir à encourager la paresse ou le vice.

» La remise au Conseil des listes émargées, la semaine qui suivra la distribution, sera pour vous un précieux contrôle ainsi qu'une pièce incontestable du bien que vous aurez fait.

» Puissiez-vous, quand vous aurez fonctionné d'une manière si utile pour nos Mobilisés, et quand vous aurez calmé les pressantes infortunes engendrées par la guerre, obtenir de vos honorables chefs, l'autorisation de laisser fonctionner avec de nouvelles souscriptions votre Caisse de secours en faveur de votre bataillon, et faire ainsi pour vos frères d'armes ce que vous avez entrepris si généreusement pour nos Mobilisés.

» L'occasion ne vous manquera pas de répandre encore beaucoup de bien. Vous aurez, n'en doutez pas, à secourir des malades, des veuves, des orphelins et bien des nécessiteux qui préfèrent souffrir les angoisses de la misère plutôt que de s'adresser aux bureaux de bienfaisance.

» Ces malheureux viendront noblement vers vous parce qu'ils sauront, comme vos Mobilisés, qu'ils recevront à l'avenir vos secours, non comme une aumône mais comme un droit sanctionné par la mutualité.

» Vous soulagerez ainsi sans offenser une noble fierté, et vous serez certain de conquérir la gratitude d'hommes de cœur, gratitude qui sera d'autant plus vive que vous aurez mis plus de délicatesse à leur faire parvenir une modeste offrande qui ne doit jamais manquer au véritable malheur. »

Nos Caisses, par la simplicité de leur fonctionnement, sont seules susceptibles, pendant la guerre, de prévenir ou de diminuer les grandes infortunes qu'entraîneront désormais après eux le perfectionnement des engins meurtriers et le nombre incommensurable des combattants.

Plût au Ciel qu'elles devinssent à jamais inutiles, et que la

Croix-Rouge, après s'être si noblement interposée pour amoindrir les horreurs de la guerre, pût concourir, en flottant sur les deux mondes, à rapprocher tous les peuples dans une même pensée d'amour et aider ainsi au maintien de la paix universelle.

Mais, si au lieu de plonger le regard dans l'avenir, on se contente de le reporter vers le passé pour apprécier, à sa juste valeur, l'œuvre créée par le Comité central du Nord, on acquerra la preuve que cette organisation, quoique un peu tardive, a pu recevoir cependant la sanction de l'expérience et porter ses fruits sur les champs de bataille de Pont-Noyelles, de Bapaume et de Saint-Quentin. Nul doute, d'après les résultats obtenus en quelques semaines, qu'elle aurait notablement adouci les souffrances de notre vaillante armée du Nord, si elle eût fonctionné au début de la campagne et surtout à Villers-Bretonneux.

Actuellement que la paix est signée, les Caisses sont suffisamment organisés pour pouvoir fonctionner sans notre active intervention.

Ainsi celles de Lille, adoptées par tous les officiers de la Garde nationale sédentaire et de la Garde nationale mobilisée, distribuent plus de mille francs, chaque semaine, à nos Mobilisés nécessiteux, et les listes dressées par MM. les Commandants Levèzier, Deswartes, Morazzani et Monnier, pour les quatre bataillons de la 1re légion des Mobilisés, et par M. Butin, Capitaine du 7e Mobiles, sont représentées aux Conseils de famille la semaine suivante avec la signature des hommes qui ont pris part aux distributions hebdomadaires.

Il nous reste la satisfaction d'avoir été utile à nos concitoyens, et d'avoir apporté notre faible tribut à l'humanité, en lui conservant des hommes mutilés par la guerre mais encore susceptibles de lui rendre d'éminents services, et qui resteront comme un témoignage sinon de notre gloire, du moins de notre héroïque défense.

CHAPITRE IV.

Modèle d'un matériel d'ambulance proposé par le Conseil de secours aux
blessés , pour un bataillon de mobilisés, susceptible d'être placé sur les
côtés d'un cheval et destiné à suivre la colonne en marche.— Description
du bât et des crochets proposés par le comité du Nord , et d'une gouttière
brachiale en zinc, avec tissus de caoutchouc et boucles.

Le Comité de Secours aux blessés du Nord de la France , pour
faciliter la prompte organisation d'une petite ambulance de
bataillon, a pensé qu'il diminuerait les préoccupations que
devraient éprouver nos chirurgiens à la veille d'entrer en campagne, en leur soumettant ce projet de matériel très-suffisant
pour porter les premiers secours aux militaires malades.

Ce matériel a pu être acheté en quelques heures, et le prix,
d'après le devis qui s'y trouve annexé, n'a guère dépassé la
somme de 500 francs, accordée par l'article V des Statuts des
Caisses de secours et prélevée avant toute autre dépense.

BOITE Nº 1. — OBJETS DIVERS.

12 Feuilles de plomb.	1	50
2 Bassins en zinc.	1	»
1 Seau..	1	»
2 Gobelets en ferblanc	»	50
4 Éponges fines	6	»
6 Éponges ordinaires	3	»
1 Seringue en étain.	3	»
1 Irrigateur de 500 grammes.	16	»
6 Tabliers pour les chirurgiens	18	»
2 Pantalons en toile.	6	»
4 Draps communs	20	»

4 Serre-tête en tissus de coton . . . . . . 4 »
10 Petits coussins carrés . . . . 5 »
30 Coussins pour fractures. 7 50
4 Couvertures de laine... . . . . 40 »
1 Lampe à alcool. 2 50
2 Civières se roulant sur elles-mêmes . . 40 »
2 Alèzes en caoutchouc et 6 mètres de taf-
    fetas gommé . . . . 34 »
2 Filtres en laine pour eau et café. . . . » 75
2 Cerceaux mobiles. . . . . 1 »
6 Essuie-mains . . . . 3 »
2 Flambeaux. 1 60

                         Total . . . 215 35

BOITES N°s 2 ET 3. — APPAREILS ET INSTRUMENTS.

APPAREILS.

3 Gouttières brachiales en zinc avec liens
    en tissus caoutchouc (données par le
    Comité central). . . . .
60 Attelles de bois, dont 20 pour le bras et
    l'avant-bras, 10 pour la jambe, 10
    pour la cuisse et 20 petites de toutes
    dimensions. . . . . 9 »
6 Bandages de corps en toile. . . . . . . » »
5 Appareils de Scultet. . . . . » »
200 Bandes simples. . . . . » »
20 Bandes préparées au plâtre. . . . . . . » »
200 Compresses diverses. . . . . » »
50 mètres cordon plat (ruban de fil de 0,028^m
    de large) . . . . 4 »

5 kilogr. de charpie. . . . .   »   »
15 Feuilles de ouate 15   »
6 Paquets fil gris pour ligatures. . . . .   » 50
                                           ____
                          Total . . . 28 50

Les Comités de secours étaient à même de fournir les objets dont les prix ne sont pas indiqués.

INSTRUMENTS.

Un Sac de chirurgie contenant :
1 Scie avec lame de rechange.
3 Couteaux à amputations, un grand et deux moyens, dans leur gaîne.
1 Tire-Balle.
3 Pinces à artères, coniques, à verrous.
2 Compresseurs.
3 Paires ciseaux, droits et courbes.
1 Ténaculum.
4 Sondes élastiques avec mandrins.
1 Sonde œsophagienne.
1 Pince coupante pour esquilles.
12 Aiguilles courbes.
500 Epingles de diverses grandeurs.
1 Clef de Garengeot.
6 Serre-fines.
2 mètres de tubes à drainage.
1 Seringue de Pravaz, pour injections sous-cutanées.
2 Bistouris.
1 Porte-crayon de nitrate d'argent.

Un fabricant anglais s'était engagé à livrer ces instruments moyennant 120 fr., avec le sac et l'emballage.

BOITE N° 4. — MÉDICAMEMTS.

1 flacon vinaigre anglais.

1 solution de chlorhydrate de morphine pour injections.

300 grammes cérat blanc.

200 pilules d'opium , à 0,02.

100 grammes de laudanum de sydenham.

1 litre de chloroforme en dix flacons.

150 grammes d'éther sulfurique en trois flacons.

12 papiers sinapisés de Rigollot.

30 grammes de sulfate de quinine.

200 pilules de 0,25 de diascordium.

50 grammes de sous-nitrate de bismuth.

2 litres alcool à 86°.

500 grammes de camphre.

300 grammes de perchlorure de fer.

40 grammes d'alun calciné.

500 grammes de sulfate de magnésie.

150 grammes d'une solution d'acide phénique au $^1/_{10}$.

100 grammes d'amadou.

50 grammes d'ammoniaque liquide.

120 grammes de collodion.

1 flacon de crayons de nitrate d'argent.

30 grammes de teinture d'iode.

50 grammes d'amadou hémostatique en cinq boîtes.

Orge, 2 kilogr.

Farine de lin, 1 id.

Chiendent, 1 id.

Réglisse , 500 grammes.

Cire jaune , 2 tablettes.

Taffetas anglais, quelques feuilles.

Diachylon , 5 rouleaux.

Poudre d'amidon , 200 grammes.
Styrax, 150 —
Glycérine , 200 —
Onguent mercuriel , 300 —
25 paquets contenant chacun un gr. d'ipéca et 0,05 d'é-
        métique.
Plâtre , 1 kilogr.
Dextrine , 500 grammes.

Un pharmacien de Lille , dont le désintéressement est connu ,
s'était engagé à livrer tous ces médicaments emballés dans une
boîte , moyennant la somme de 90 francs.

BOITE N° 5. — SUBSTANCES ALIMENTAIRES ET AUTRES.

10 pots de Liébig..	17	50
6 flacons d'essence de café-au lait. . . .	9	»
3 bouteilles de cognac dans une potiche		
en fer-blanc..	7	»
Chocolat , 5 kilogr.	14	»
Tapioca , 8 paquets	8	»
Sucre blanc , 3 kilogr.	4	50
Biscuits anglais , 2 kilogr..	3	»
Café moulu , 2 kilogr.	6	»
Bougies , 7 paquets.	8	40
Tabac , 2 kilogr., à 2 50	5	»
Allumettes	1	»
Thé	4	»
Sel , 500 grammes.	»	25
Savon de Marseille , 1 kilogr.	1	»
Total . . .	88	65

En additionnant les sommes mentionnées à ces divers chapitres, on obtient :

    I. — Objets. 215 35
    II. — Appareils. 28 50
    III.— Instruments. . . . .   115 »
    IV. — Médicaments . . . .   90 »
    V. — Substances alimentaires. 88 65

                            Total 537 50

Pour faciliter le transport de l'ambulance, il était nécessaire que le conseil de famille décidât l'achat d'un cheval ou d'un mulet dont l'entretien fût à la charge de la caisse de secours.

On fit, en outre, porter à un infirmier un havre-sac, dont l'intérieur était divisé en plusieurs compartiments en fer-blanc et fermant au moyen d'un cadenas. Au-dessus du havre-sac était placé un rouleau en fer-blanc, également cadenassé, recouvert d'un étui en coutil rayé, doublé d'une toile imperméable. Ce rouleau remplaçait sur le sac l'étui d'habit du soldat. Le sac entier était conforme, pour le poids et les dimensious, à celui de l'infanterie ; cet infirmier suivait, pendant les marches, l'aide-major, et mettait ainsi à sa disposition les objets de première nécessité, en cas d'accidents légers.

Ce matériel, pour un bataillon en marche, a été placé dans des paniers, ou sur des crochets aux flancs d'un cheval. Les crochets étaient préférables, car on pouvait les utiliser, après le combat, pour le transport des blessés.

Le tout était protégé contre la pluie par une toile cirée.

Le Comité central, en publiant ce projet de matériel d'ambulance, a eu pour but de venir en aide aux médecins des Mobilisés et de prouver qu'avec une somme de 5 à 600 francs, la Caisse de secours, adoptée dans tous les bataillons, suffisait pour assurer le service de santé.

MULET AVEC SON BAT & SES CROCHETS,

**servant au transport du matériel d'ambulance d'un bataillon en marche
et des blessés sur le champ de bataille,**

Par M. HOUZÉ DE L'AULNOIT, Vice-Président du Comité central de secours aux blessés
du Nord de la France.

JANVIER 1871.

Le bât et les crochets dont nous donnons ici le dessin ont servi au transport du matériel d'ambulance des mobilisés de l'armée du Nord. Ils ont été présentés au Comité par M. Houzé de l'Aulnoit et adoptés à cause de leur légèreté et de leur force. Ils peuvent, sur le champ de bataille, être transformés en cacolets et servir à transporter des blessés jusqu'aux ambulances.

Les crochets ont été empruntés aux pliants en bois ou chaises de jardins, dont le siége, composé de six barrettes en bois, peut se replier contre le dossier.

De ce dossier on n'a conservé que deux barres verticales reliées supérieurement par une barre transversale.

Deux crampons en fer maintiennent fixés ces crochets contre le bât.

Pour permettre au malade de trouver un point d'appui, on a placé une tige en fer à pivot susceptible de se relever et de recevoir une lanière de cuir qu'on peut attacher au crampon supérieur.

Une autre lanière pourrait être abaissée de la partie antérieure pour soutenir les pieds.

Sur chacun de ces crochets on place, lorsque la colonne est en marche, les caisses dont nous avons indiqué la composition dans notre modèle d'ambulance, et on les immobilise à l'aide de deux courroies.

Ce matériel est protégé, en cas de pluie, par une enveloppe imperméable portant une croix rouge sur chaque côté.

Le bât et les crochets avec les courroies, les guides et le mors, reviennent à 55 fr. ; les mulets, en moyenne, 175 fr.

GOUTTIÈRE BRACHIALE EN ZINC

de M. le docteur HOUZÉ DE L'AULNOIT,

pour immobiliser le coude dans les cas de fracture ou de plaie de l'articulation huméro-cubitale, à la suite de coup de feu,

Présentée à la Société internationale de Secours aux blessés le 22 septembre 1870.

Les avantages de cette gouttière résultent de leur facile application sur le membre blessé : les deux valves dont elle se compose ayant une direction en rapport avec les axes du bras et de l'avant-bras fléchi à angle droit.

Trois lanières en tissu de caoutchouc, cousues sur chacun des côtés, permettent, à l'aide de boucles, d'exercer sur le membre une douce compression, tout en maintenant la parfaite immobilité de l'articulation du coude.

Cette gouttière a été appelée à rendre des services réels sur les champs de bataille, en empêchant, pendant le transport des blessés jusqu'aux ambulances, les esquilles d'irriter les parties molles et de constituer ainsi une des plus graves complications des plaies par armes à feu.

Toute garnie elle ne revient qu'à 2 fr. 50 c.

N° 1.

Gouttière brachiale garnie de ses lanières à boucles et ouatée. Les bords présentent une série de petits trous pour faciliter l'attache de la garniture.

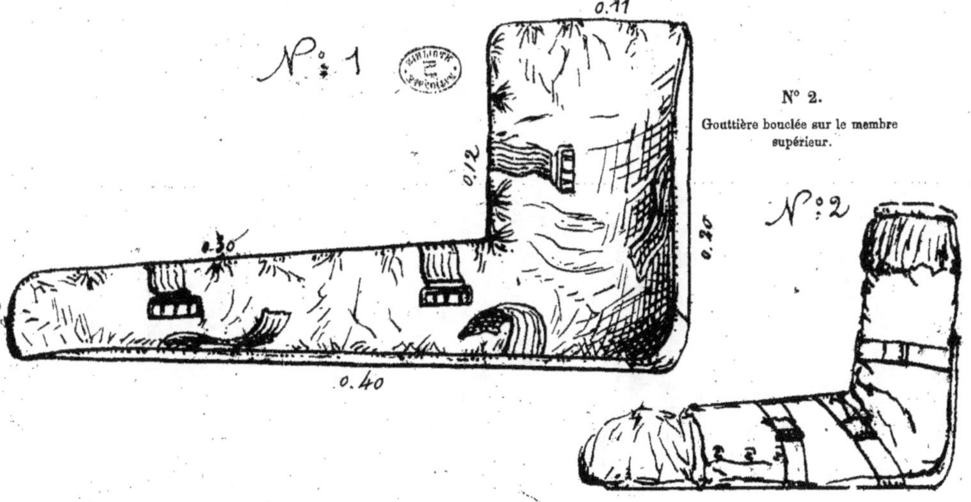

N° 2.

Gouttière bouclée sur le membre supérieur.

TABLE DES MATIÈRES.

Lille-Imp. L Danel